पिघलते लफ़्ज़

दीपाली किरन

Made with ♥ on the Notion Press Platform
www.notionpress.com

शिशिर श्रीवास्तव

भव्या श्रीवास्तव

क्रम-सूची

क्रम-सूची

क्रम-सूची

प्रस्तावना

मां सरस्वती को शत-शत नमन उनकी असीम अनुकम्पा से ही मैं अपनी कविताओं का संकलन किताब के रूप में आप सभी के समक्ष प्रस्तुत कर पा रही हूं। इसका श्रेय मेरे पाठको को भी देना चाहती हूं जिन्होंने मेरी हर कविता को भी सराहा और अपनी प्रशंसा से सराबोर कर दिया। आशा है मेरी लिखी इन कविताओं को आप उतना ही सरहाएंगे और उतना ही प्यार देंगे। मैं अपनी सखी पायल धाबलिया जी का भी तहे दिल से शुक्रिया अदा करना चाहती हूं जिन्होंने मेरी लेखनी के प्रति उत्तरदायित्व को समझाया और अनेकों बार हौंसला दिया।आप सभी को मेरा अनेकानेक धन्यवाद एवं शुभकामनाएं।

-दीपाली किरन

भूमिका

यह किताब मेरी लिखी कविताओं का संकलन है।जो अलग-अलग मनोभावों को दर्शाती है।जब मन की स्थिति कागज़ में उतर गई तो हर बार एक नई कविता बन गई और कविता शब्दों का खूबसूरत मिलन है जो अनकही बात को सीधे मन तक पहुंचाने की क्षमता रखता है।

आमुख

कविताओं का एक बेहद खूबसूरत संग्रह 'पिघलते लफ्ज़' जो ज़रूर छू जाएगा आपके मन को और आप भी मेरी कलम की तरह अपने मन की बातों को कुछ हद तक समझ पाएंगे ऐसी मेरी आशा है।

1. गणपति बप्पा

सुख समृद्धि समाधान तुम्ही से,
वक्रतुंड महाकाय ओ न्यारे।
पार्वती के लाडले तुम,
शिवशंभु के राज दुलारे,
सुखकर्ता दुखहर्ता तुम हो,
कृपासिंधु विधाता प्यारे।
चहुओर धुन गणपति बप्पा मोरया की,
ढोल ताशे में मग्न हैं सारे।
उत्सव है प्रभु आपका आना,
उत्सव है प्रभु भोग लगाना,
उत्सव ही जो जग हो गया जगमग,
बप्पा मोरया की धुन में रम जाना।
एकदंत दयावंत तुम ही प्रभु,
प्रथम पूज्य तुम देव हमारे।

2. अधूरी अभिलाषा

मन के तानेबाने बुनती उलझी उलझी निंदिया ने,
एक ख्वाब सजाया सपनों से,
पूरी कर दी मेरी अभिलाषा,
देखा मैने रेती पर मेरे पैरों के निशां रंग बिरंगे,
मैं भीड़ में भी दमक रही,मेरी परछाई में सात तरंगे।
मैं तेज़ हवा सी भागी, सबकी
आंखों में मैं भरी हुई।
मैं पहन चांद सा ताज ,
माथे पर सफल सितारा जड़ी हुई।
मैं प्रेम नहर में गोते खाऊं,
मैं पतझड़ मिटा कर हरी हुई।
भया सवेरा मुस्कान के मैं ,
ऊषा की समझी भाषा।
सपने न थे वो मन की इच्छा,
नया सवेरा लाया है,
मन की अधूरी अभिलाषा।

3. सवाल

तन्हाई को प्यार है ख्यालों से,
और ख्याल दिल लगा बैठे यारों से।
बड़ी ही मझधार में फंसी हैं खामोशियां,
नि:शब्द घिरे हैं लाखों सवालों से।
पन्नो में तो उतर जाती हैं खामोशियां और तनहाइयां भी,
थोड़ा मन भी छलक के गिरता है,
अंखियों के चौबारों से।।

4. सांस

गुलाम हुए इस काया के,
जो सांस लिए तुम फिरते हो।
मोह सी लिपटी रूह को लेकर,
इस जीवन में विचरते हो।
तू सोच ज़रा ये पट खुले हुए क्यूं,
हर सुबह में सपने घुले हुए क्यूं।
नादान सोच ,टुकड़ा ज़मी हमारी,
पट बंद होने तक जंग ये सारी।
सतकर्म करो और संभल ज़रा,
विचलित क्यूं यूं मचलते हो,
क्यों हर बार संभल के गिरते हो।
जो सांस लिए तुम फिरते हो...

5. यादों के बुलबुले

मन डूबता है जब यादों के दरिया में,
तो कुछ पल मटमैले से
कभी आँखो से छलकतें हैँ,
कभी गालों से लुढ़कते हैँ।
कभी बेबाक सी हंसी होंठों को,
यूं ही सज़ा जाती है।
कभी कानों में खुसफुसा के
मन को गुदगुदा जाती है।
इन यादों से ही तो
ज़िन्दगी के हसीन पिटारे खुलते हैँ।
अक्सर ये 'यादों के बुलबुले'
एक चाँद जायाँ करके मिलते हैं।

6. विरासत

अपनी सिंचित गृहस्थी का दीदार करती बूढ़ी आँखे,
जब तिज़ोरी में रखी खानदानी विरासत को जी भर निहारने लगीं।
पीढियां गुज़र गयीं इसे संभालते- संभालते।
ये सोच कहराने लगीं,
ये गहनें कहां ढक पा रहें हैं ज़िस्म में पड़ी इन चोटों ,खरोंचो को।
काश! विरासत में इन्हें प्रेम और सम्मान के संस्कार मिले होते।
अपनें बच्चों को विरासत में मैं औरत का सम्मान दे जाऊंगी।

7. गांव

शहर के कोने मे रखा इक प्यारा सा गांव
मोर की आवाजों की गूंज
सुरीली शामों की धुन
शांत सुबह मे हल्के सूरज का अलाव ....
शहर के कोने मे रखा इक प्यारा सा गाँव
फूलों की रंगीली मुस्कान को चुनकर
ज़मी ने हरियाली पहनी इस कदर
नीम का ठंडा आँचल है सर पर
हरे भरे गालीचे पर पांव ....
शहर के कोने मे रखा एक प्यारा सा गांव ....
चिड़ियों का जलसा
पत्तों की बातें
पंखुड़ियों की डगर
खुशबुओं से तितलियों का लगाव.....
शहर के कोने में रखा इक प्यारा सा गाँव....
संस्कारों की खनक
मुस्कानों की अदा
मासूमों की खिलखिलाहट
शिव के मंदिर की घंटी से जुड़ाव ....
शहर के कोने में रखा इक प्यारा सा गाँव....
साफ़ आसमाँ,अनछुई साँसे, सौंधी ज़मी,
सब्ज़बाग़ कजाती पगडण्डी,
फ़ूलों से जन्मे फलों से खिंचाव ....
शहर के कोने में रखा एक प्यारा सा गाँव....

8. इंतज़ार

इंतजार तो अयोध्या ने किया था राम और सिया का,
और इंतजार किया था बंसी की तान ने प्रिया का।
इंतजार में छुपा है नंदी का धैर्य,
और इंतजार ही तो है राधा का स्थैर्य।।
इंतज़ार तो यूं हीं बदनाम है,
सच में तो ये प्रेम का दूसरा नाम है।
इंतज़ार तप है, इंतजार ही जप है,
बेबसी लाचारी को मत कहो इंतजार,
इंतजार ही दृढ़ संकल्प है।

9. अनुभव

गीली हरी मेहंदी वाले हाथों में,
सूख के सुर्ख हुए ठप्पे कब जिंदगी की आपाधापी में सन जाते हैं।
पता नही कब हर रोज़ के किस्से कब अनुभव में बदल जाते हैं।
छूरी से मिले जख्म और छौंक के छाले कब आदत बन जाते हैं।
जब पांव एक घर से लावा चावल फेंक कर,
दूजी दहलीज पर चावल का कलश ढनकाते हैं।
पता नही हर रोज़ के किस्से कब अनुभव में बदल जाते हैं।
जुड़े में बांध कर सूरज की पहली किरण,
आंख मींचती सुबह को हम ही बुला लाते हैं।
भागती दौड़ती सुबह में,
ठंडी चाय से सुकून चुरा लाते हैं।
पता नहीं कब हर रोज के ये किस्से अनुभव में बदल जाते हैं।
कभी सुलझती है क्या गीले तौलिया वाली लड़ाई,
कब सफ़ेद शर्ट पर चुन्नी के रंग चढ़ जाते हैं।
मेहमानों,तीज त्यौहारों, बाजारों
में उलझते हैं हर दिन,
हर रोज एक नई पहेली सुलझाते हैं।
पता नही हर रोज के किस्से कब अनुभव में बदल जाते हैं।

10. स्वाद

ईंटों की भट्टी के मजदूर
मुंह में मिट्टी का स्वाद लिए चलते हैं,
और हम बारिश के सौंधे सावन की खुशबुओं से मचलते हैं।।
दुनिया में सब एक से नही दिखते हैं।
स्वाद किसे पसंद है धधकती आग का,
फिर भी चटकती धूप में बर्फ के गोले बिकते हैं।
दुनिया में सब एक से नही दिखते हैं।
स्वाद की दुकानें हैं बहुत ,
मिठाइयों में भी नक्काशी गढ़ते हैं,
सोने चांदी की बरक कहीं,
कुछ बासी थाली के साथ सड़ते हैं।
दुनिया में सब एक से नही दिखते हैं।
बेस्वाद हो जाए मन तो कभी उनको अपनी थाली पकड़ा देना,
मुंह में मिट्टी भरे मजदूरों को शरबत पीला देना।
दुनिया को एक सा न सही,
एक मेल तो कर सकते हैं।
चलो कुछ हम भी बदलते हैं....

11. विदाई

परिपाक हुआ जब बचपन मासूम,
अठखेली रह गई पीछे सारी।
दहलीज पार कर हुए पराए ,
खुद से जीती खुद से हारी।
ली विदाई बेपरवाही से,
मुलाकात हो गई सुधि से हमारी।
हंसी ठिठोली गई तांख पर,
दूरतर बैठी बचपन की यारी।
बहाने ढूंढू भागमभाग में,
हंस के बोलूं बात वो सारी।
न विदा करूं मैं सुनहरी यादें,
बैने में बांटू यादों की माठ भी प्यारी।

12. बावन अक्षर

ओ मेरे ज्ञान के बावन अक्षर!
बुनू़ तुम्हे मन की बातों में।
य से बने यादें, र से बने रंग,
ल से बने लेख और व से वचन।
सभी बोले अपनी भाषा ,
स्वर व्यंजन सजे जस्बातो में।
गिरे कागज़ पर बावन अक्षर
हो गए अब तो अजर अमर,
कभी लुढ़क गए भरे नयन से,
कभी पहुंच गए प्रेम नगर।
ओ मेरे ज्ञान के बावन अक्षर,
उलट पलट सब कहे कथन,
अधूरे लगे ये बावन अक्षर,
लिख न पाएं पूरा मन।

13. उदासी

खिड़कियों से झांकती उकताई आंखे,
दूर के मंजर से भी खुशी न ढूंढ पाई,
दिल को उदासी के सुपुर्द कर,
न जाने वो हंसी फिर क्यूं न आई।
गजब की सजी थी महफिलें,
सब जुदाइयों की बातों पर रो रहे थे,
कुछ तो कह गए गुबार दिल के,
कुछ उदासी की तकियों पर सो रहे थे।
जिन्होंने कहा था उनकी शिकन कुछ मिटी थी,
जो कह न सके उनकी माथे की लकीरें अभी भी चिटकी थीं।
एक बात कही थी बदरा ने
आसमा में पड़े उबासी क्या लेना।
कभी गरज के गुर्राना तो कभी बरस के कह लेना।
कोई तो देखेगा तुमको उम्मीदों से,
उम्मीदों को वहीं पर बो लेना,
उदासी को तुम धो लेना, बूंदों संग आंसू बनकर बह लेना ।।

14. शराफत

फूलों के अंखुवा अपने हरे पर्दे से निकलकर,
महकते हैं निखरते हैं।
कश्मकश है बड़ी सच्चे झूठे के दरमियां,
नकाब की कितनी परते हैं।।
हिफाज़त से शराफत को जो आंखों में पहन के चलते हैं,
वो कहां उलझते कुमुदनी में,
वे कीचड़ में भी संभलते हैं।
क्यों ढकना चेहरे को जब,
हया आंखों का गहना है।
हर गुलाब महफूज हैं कांटों में भी,
सदाकत से जब रहना है।।
ये दुनिया झूठीमूठी सी,
जाने कब कौन सी चाल चलते हैं।
कभी प्यार से जहर उगलते हैं,
कभी शरीफों को निगलते हैं....

15. परवाह

तराश रही हूं अपना परवाह करने का तरीका कुछ,
लफ़्ज़ों से जता न पाऊं तो आंखों से दस्तक देना सीखा कुछ।
भूल गई मन की गेहुआ बातें,
मौन की हरियाली को प्रेम से सींचा कुछ।
तराश रहीं हूं अपना परवाह करने का तरीका कुछ।
बाट रही अब सिर्फ मधुर एहसासों को,
शिकायतों से हाथों को खींचा कुछ।
तराश रहीं हूं अपना परवाह करने का तरीका कुछ।
सुन सकती हूं अब कदमचाप थकी हुई सी रात के,
भोर से सांझ तलक,
समय रिश्ते रिवाज़ों में बीता कुछ।
सबके जस्बातों में करूं खुद को पूरी,
एकटुक निहारूं अपनी आस अधूरी।
मन को किया काबू कभी,
कभी बेकाबू मन चींखा कुछ।।
तराश रहीं हूं अपना परवाह करने का तरीका कुछ....

16. हिंदी

मधुरस से सराबोर हैं हिंदी,
जन्म हमारा हिंदी के घर।
अखंड लौ इस देश के मन में,
तुलसी, कबीरा मेरे भीतर।
हिंदी है श्रृंगार राष्ट्र का,
अमृत सी सजी हर अधरों पर।
अलख जले कि हर भाव में हिंदी,
हो अपनी भाषा गगन शीर्ष पर।
रस ,छंद, अलंकार से परिपूरित,
हिंदी मेरी साहित्य सरोवर।
सिमरू हर स्वास में हिंदी,
अभिव्यक्ति की मोती हर सूत पर।

17. ढींठ दोस्त

अब ज्यादा होती है तक्कलुफ की बातें,
दोस्त अब तमीज़ के पीछे छुपने लगे हैं।
दोस्ती में तो चार चांद लगाते थे
'बको' जैसे बेअदबी के शब्द,
अब दोस्तों के मुंह से 'आप' कानों को चुभने लगे हैं।
नही चाहिए ऐसी यारी सत्कारी वाली,
जिनको कभी हौंक देते थे,उनसे अब ऊबने लगे हैं।
मुझे वापस चाहिए मेरे वहीं ढींठ दोस्त,
बड़े आए जो शिष्टाचार की बातें करने लगे हैं।
पर काट दो तक्कलुफ से इन यारों के,
जो अपनी ही दुनिया में पंख फैला कर उड़ने लगे हैं।

18. स्टेशन

तेज़ रफ़्तार से भागती वो ट्रेन
जो सरपीली सी पटरियों पर धुंध को चीरकर आगे बढ़ रही थी,
सच कहूं मैं उस सफर को पढ़ रही थी।
पढ़ रही थी मैं पेड़ों की डोलती डालियों को जो तेज़ी से पीछे छूट रही थीं,
मुझे तेज़ी से पढ़ना था गुजरते शहरों को,
मुझे झट से पढ़ना था नदियों में सिक्के वाली भाषा,
आंखों में नक्शे बनाकर उतार लेना था नहरों को।
मुझे परवाह नही थी स्टेशन कब आएगा,
जल्दी से समेट लो इन आंखों की मेहनत को,
जो होगा देखा जाएगा।
सीटी बजे जा रही थी हर स्टेशन पर ,
पर वो मेरा न था।
सफर लंबा तय किया है अभी तो
सांझ आई धुंध पहन कर,
रात दूर थी अभी नींदों ने आंखो को घेरा न था।
हां इतना कुछ समेट कर जब भोर तलक उतरी तो पढ़ ही लिया था सफर का फसाना,
मुड़ कर देखा तो स्टेशन बोल रहा था
"बड़ा अच्छा था सफर तो तुम फिर आना....

19. अकेला

भोला सा मन
मन की तन्हाई,
तन्हाई की बातें
दो जोड़ी आंखे मिलकर भी कहने नही देती।
जब चलूं सब झाड़ कर हथेली से,
फिर भी अंतर्मन की लहरें मौन को भी चुप रहने नही देती।
मन अकेला क्या क्या कह लेगा,
कितना लिपटेगा अल्फाजों में,
और कितनी बातें सह लेगा।
इसलिए अब नही छोड़ती उसको अकेला,
मेल -मिलाप रखती हूं।
कभी अलसायी सी एकटुक निहारती हूं रफ्तारों को,
कभी रम जाती हूं लफ्ज़ चुनने,
हर पहर का हिसाब रखती हूं।
अब तो यकीं है मेरी ही परछाई मुझसे न घटेगी।
अकेला क्या सजा पाएगा वो जलसा,
महफिलें भी तो चार चांद से ही सजेंगी।

20. अर्घ्य

जब हवाएं बहती और लहरें चल जाती हैं।
जब बरगद की डाली आंधियों से मन्नतों के दिए को बचाती है।
जब चलता है आसमान जमीन ठहर जाती है।
जगमगा उठती है चांदनी आसमां में,
जब चांदी से सोने की परत उखड़ जाती है।
उलझ के इन बातों से बन जाती है एक कविता
बेख्याली अल्फाजों में बदल जाती है।
ख्याल बड़े अजब हैं इस पागल से मन के,
रात इतने जलसे कैसे सजाती है,
अर्घ्य से क्यों अछूती है चांद की पहली किरण,
उस सूरज की रोशनी चांद से भी तो छन के आती है।

21. गुल्लक

आंखों से तारे तोड़े हैं कभी?
जिंदगी के कुछ हसीन मोड़ों पर,
किसी के संग सपने जोड़े हैं कभी?
नदी से सीखा अल्हड़ सी बेपरवाह सी बस चल दी यूं ही,
समुंदर की याद में चुन्नी के कोने मरोड़े हैं कभी?
चांद का पायदान बना कर,
बादलों में रंग भर कर देखो,
यादों की अशर्फियां के गुल्लक फोड़े हैं कभी?

22. स्वार्थ

अपने स्वार्थ की भूख मिटाने के लिए कुछ लोग अपना ज़मीर तक खा जाते है।
शहद सा मीठा बोल कर ,
कर्तव्यों की नीलामी लगा जाते हैं।
गाहे-बगाहे कर गए एहसानो की गलती गर,
ले देकर हिसाब लगा जाते हैं।
बड़ा ही हसीन बुनते हैं जाल मतलब का,
फसाने का हुनर दिखा जाते हैं।
ज़रा संभलना न उलझना इनकी
स्वप्न नगरी की बातों में,
झूठ, दिखावा,ढोंग, आडंबर है इतना कि
ये मरुस्थल में कागज़ के फूल सजा जाते हैं।

23. प्रार्थना

हर रोज़ एक दिया जलता है ,
कहानी मेरी सुनकर बढ़ता है धुआ बनकर ऊपर की ओर,
ये नज़र ऊपर ही क्यों देख रही,
कहीं से तो बंधी है इन सांसों की डोर।
क्या ऊबता होगा वो भी ये दिन रात सुनकर,
प्रार्थना में शीतल करके भेजूं अकुलाए मन का शोर।
कभी तो पहुंचेगी देर हुई निकली है,
मन की आवाज उस तरफ,
तभी तो मन रोया है और भीगे हैं आंखों के कोर।

24. ठीक तो हो?

बार-बार झाड़ के धूल ,
वो शीशा फिर मैला सा लगता है,
आईना जब पूछे "ठीक तो हो?"
ये सवाल ही सौतेला सा लगता है।
बौने से दिखते हैं हर जवाब
इस बड़े सवाल में,
ठीक तो नही है चांद भी,
तारों के बीच अकेला सा लगता है।
दूर पहाड़ी की चोटी पर चांद ने सजाया था गजरा,
पिघला दी सूरज ने चांदी जब,
बर्फ से झांकती है मिट्टी ,
अब वो फिर मटमैला सा लगता है।
हां ठीक तो नही है वो पहाड़ भी,
लाखों तूफानों को झेला सा लगता है।
कहते हैं सीने में दिल होते हैं मासूम,
पर मुस्कुराते नुमाइशी चेहरो के पास दिल कहां?
मिट्टी का ढेला सा रखा है।
ये सवाल ही सवाल ही सौतेला सा लगता है।

25. ये जॉब वाली लड़कियां

ये जॉब वाली लड़कियां बड़ी ही बेकार होती है,
नही दे पाती हैं वक्त वो समाज के प्रपंच को,
फिर भी प्रपंच का शिकार होती हैं...
ये जॉब वाली लड़कियां बड़ी ही बेकार होती हैं।
बड़ी मौज में कटती हैं जिंदगी इनकी,
ठंडा टिफिन खाने को लाचार होती हैं।
निकल पड़ती हैं काला चश्मा लगाकर,
इनको रोटी सेंकने से क्या मतलब,
सिक जाती हैं खुद धूप में,
फिर भी अन्नपूर्णा का भंडार होती हैं।
इनको काम ही क्या है ऑफिस में दिन भर,
बंट जाती हैं ये दो दहलीज़ों में
आधी घरेलू आधी घर के उस पार होती हैं।
ढूंढती हैं सुकून के दो पल ,
कंधो पर थकान को ढोते ढोते,
अच्छी मां बनू इस ग्लानि से
तार-तार हर बार होती हैं।
परखी जाती हैं हर क़दम क़दम पर,
बेटी बहू पत्नी और मां बनकर,
हर कसौटी पर खरी उतरती हैं,
बड़ी ही दमदार होती हैं।
सच पूछो तो बेकार है जॉब वाली लड़कियां,
ये सोच ही बीमार होती है।
बना देती है ये एक समाज
शिक्षा, साहित्य, कला और संस्कारों वाला,

ये पढ़ी लिखी जॉब वाली लड़कियां बड़ी ही समझदार होती हैं।

26. तारीफें

रंगा हुआ सा कच्चा मन, लटों में उलझी अदाएं,
कच्चे सपनों की दुनिया सच्ची लगती है।
दौर कितने भी पहन ले लिबास अतरंगी,
पर आंखों में पहनी शरम अच्छी लगती है।
हसीं था वक्त वो भी जब हम रखते थे क़दम इजाज़त से,
और इजाज़त उनको भी हमारी आती थी पसंद,
ये इजाज़त वाली मोहब्बत ही सच्ची लगती है।
उस दौर की खुशनसीबी थी साड़ी, चूड़ी, झुमके वाली,
दबी दबी सी हंसी अब भी अच्छी लगती है।
एक छल्ले से हो जाती थी इज़हार की बात,
फ़ोन की घंटी संग बजती थीं धड़कने,
धड़कनों तक पहुंचता एक लोहे का छल्ला,
उस लोहे के कोहिनूर सी सादगी भी अच्छी लगती है।
काश! वो दौर फिर हवा में भर जाए,
क्योंकी
वो कभी-कभार की तारीफें अब भी अच्छी लगती हैं।
एक पन्ने सी पलट गईं उस दौर की बातें फिर भी
इस दौर में सजी उस दौर की यादें....
अच्छी लगती हैं।
k

27. अधूरा ख्वाब

एक अधूरा ख्वाब है
छेड़कर जाता है हर रोज़,
मुंह चिढ़ा कर आंख मिचौली खेलता,
पूछता मुझसे "ढूंढो तो जानूं"
अब क्या बताऊं उसको
सागर की लहरें कितनी बार सूरज का मुंह धोती हैं,
लपकती हैं उसको अपने आघो श में भरने को , छपाक सी वापस
गिरती हैं मुंह के बल फिर भी
आखिर में सूरज उसका ही हो जाता है।
मुझे छू कर वह मासूम ख्वाईश भी पूरी होगी।

28. सही-गलत

जैसे मकानों की होती है अपनी ज़मी,
घोंसलों का अपना दरख़्त होता है।
परिंदे सुन जाते हैं हर खिड़की की कहानी,
बालकानियों में उनका आना जाना भी बेधड़क होता है।
ये जीव निभा रहे हैं सदियों से जीने का पुस्तैनी सलीका,
हम इंसानों का ही अपना अपना सही गलत होता है।
एक दास्तां सुनी थी हथेली के काले तिल की,
नसीब में अपार धन और ऊंचा कद होता है।
देखी थी फकीरी की हथेली काले तिल वाली,
कोई बताए उन लकीरों का कहां हक होता है।
खैर याद रखती हूं हर पल ये बात...
सबका अपना -अपना सही गलत होता है।
धब्बे नही जाते हैं लाख छुटाने से,
बेइमानी का रंग जो चटक होता है।

29. पिघले ख्वाब

लगता है कुछ ख्वाब पिघले हैं,
अशकों ने आँखो मे शामियाना बना रखा है...
जो नींदे गुजरती हैं नैनो के चौबारे से,
अशको संग न रहने का बहाना बना रखा है....
ठहर मत निकल जा ओ आंखो के खारे पानी,
नींदों से तेरे बैर ने रातों से अंजाना बना रखा है...
पिघले ख्वाबों का स्वाद नमकीन...

30. भरोसा

भरोसा ही तो है जो बुदबुदा कर मांगी दुआ,
जाती होगी आसमान चीर कर कहीं।
भरोसा ही तो है सागर से मिल ही जाएगी,
शिव की नर्मदा उल्टी बही।
भरोसा नन्हे कदमों का,
थामी है मां ने उंगली गिरूंगा नही।
भरोसा समुद्र मंथन का जब विष है ,
तो अमृत भी है कहीं।
भरोसा सूखे सावन का भादौ पर,
भरोसा द्रौपदी का माधव पर,
भरोसा ही तो है हार होगी ही असत्य की,
युगों युगों ने ये बात कही...

31. हौंसला

हौंसलों से भरी पहली उड़ान,
घोंसले से निकल कर ली अंगड़ाई,
कभी डाल-डाल चली पात-पात,
कभी गगन पवन से बतिया करती,
कभी बिन पदचिन्ह धरा को देख मुस्काई।
इधर-उधर चली दूर बहुत दूर
वृक्ष, ताल,जंगल, खेत सब गए पीछे छूट।
हाँ ये हौंसलो भरी पहली उड़ान सीख ली मैंने नन्ही चिड़िया से,
उसके पंख सपनों में उधार ले आई।

32. भूल

भूल एक मलाल है,
भूल ही कलंक।
भूल अनायास टीस सी,
भूल जख्मों में जलन।
मन को वह झकझोरती,
हृदय की कंपन,
भूल ही सुधारती,
सुस्थिर भी करती मन।

33. फिर से

आज पन्नों पर लय पिरों दूं फिर से,
भावनाओं,कल्पनाओं, एहसासों में डूब कर,
दीवानी सी हँस लूँ, मचल के रो दूँ फिर से।
बेफ़िक्र कलम मेरी बंधनों से मुक्त हो फिर से,
न सरगम न सवैया न अलंकार न मात्रा,
बस प्रेम की स्याही स्वर्णयुक्त हो फिर से।

34. कांटे

मंजिलों की तलाश में हम बढ़े जो अपने रास्ते,
हज़ारों मोड़ और ख्यालों का शोर था।
रास्ते सजाते गए हम कभी गर्म सर्द हवाओं से,
कभी धूल तो कभी बारिशों का जोर था।
खूब चर्चे हुए मेरे ऐबों को ढूंढकर,
कंकरीले, पथरीले रास्तों पर हर कदम कठोर था।
अपनें रास्ते सबको यूँ ही बनाने पड़ते हैं,
मंजिलों के लिए रास्ते कांटों से भी सजाने पड़ते हैं।

35. दीवार

मैने दीवारों से पूछा तुम अपनी सी क्यों लगती हो?
वह बोली मैं तो लीपापुता पत्थर का इक ढांचा हूँ।
त्योहारों में रंगो और तेल की छींटों से प्रफुल्लित होती हूँ,
पर जब पीड़ा में कोई मुझसे चिपक ज़मीन पर सरकता है,
तो सच पूछो तो मैं भी रोती हूँ।
तुमको तो मालूम है इस पार,हर रोज़ नए किस्से होते हैं।
पर कोई कुछ कहता नही मुझ बदनाम से,
क्योंकि दीवारों के भी कान होते हैं।

36. सुकून

फुरसत और सुकून दोनो ही हार गए रफतारों से ,
की आज मौसम के हसीन गलीचे पर कोई न चला ....
दरख्त नाच रहे हैं पर सुनसान है सड़क ...
समझा न कोई आज सूरज क्यू न जला ....

37. सौदा

अभी तो सौदा अधूरा हुआ है
सारा हिसाब है बाकी ,
अभी तो चाँद आधा जमा है ....
पूनम की रात है बाकी .....
ये ज़िन्दगी उधार ब्याज नकद मे उलझी
रिश्तो प्यार उपकार का
जवाब है बाकी ....
खेल है ज़रा सी ज़मी और आसमां के दर्मियां फंसे पुतलों का ....
ऊपर से नतीजों की बरसात है बाकी ......
अभी तो चाँद आधा जमा है ....

38. पहर

गुमान कुछ इस कदर टूटा सोने से सजी सुबह का ...
सांवरी रात जब आ गयी लगा के संगमरमर सी बिन्दी ....
और सादगी जीत गयी ।
तारें न कर पाए नदियों पर जरदोसी का काम पूरा,
और बादलों के आंचल से झांकती रात बीत गई।
फिर नया गुमान लेकर आ गई नई सुबह,
कुछ के लिए खुद बिकी,
कुछ को खरीद गई।
ये नीलामी चलती रही हर पहर की,
कभी कठोर बन गई घड़ी,
कभी थकान को देख पसीज गई।

39. दोष

वाह रे ! हल्दिराम ,बिकानेर
तुमने छीन ली रिश्तो के साथ मिठास बांटता
सूजी वाला हलवा ...
वो चाए के साथ झट से मिलने वाली बेसन की पकौडी ...
वो" दो मिनट बैठो तो सही" वाली बात ...
अब एक प्लेट मे सूखी सी नमकीन ,
पूछ के मिलने वाली चाए
सज जाते हैं महंगी सी मेज पर ...
बोलो !! दोष तुमको दूँ
या रिश्तों को ??

40. रूहानियत

कांटे छान्ट कर खुद को तराशा इस कदर ,
की सूखे पत्ते चुभते नहीं ,पतझड़ पे भी प्यार आता है ....
मनं डूबता नही अब सीख गया तैरना ,
रूहानियत का असर भी तो बार बार आता है ....
कुछ बोल कर चुप रहा थोड़ा,
मन में ये ख्याल बेकार आता है।
बोल देना था ,कह देना था।
ज़ुबान पर विचारों का धिक्कार आता है।
ज़ुबान बोलती नहीं अब सीख गई चुप रहना,
रूहानियत का असर भी बार-बार आता है।

41. लफ्ज़

गज़ल से गाते हैं ये पन्ने ...
जब रूह की कलम गुजरती है छू कर इनको ,
गौर किया सन्नाटों मे तो जाना ,
इन कागजों मे रखे लफ्ज भी धड़कते हैं।
लिख देना भला था इन लफ़्ज़ों को,
ज़ुबान पर आते ही ये लोगों को खटकते हैं।
अब आदत बन गई है आंखों से परोसती हूं बातें,
चुभने लगे थे अंदर ,पुराने कांच से चटकते हैं।
इन कागजों में रखे लफ्ज़ भी धड़कते हैं।

42. नासमझ बदरा

दबे पाँव आना था ओ बदरा
गरज गरज के शोर क्यू मचाया
अंधेरा सही था घन घोरघटा का
यूँ बीच बीच मे बिजली क्यू चमकाया ....
सुना था चुपके से आते हैं देर से आने वाले ..
तुमने तो चीख चीख कर बारीश का बाजार लगाया .. .
नासमझ बदरा ...

43. दोस्ती

रिश्तों के हर रस से भरी किताब है दोस्ती,
जिसके हर पन्ने पर एक नए रिश्ते की पहचान छिपी होती है,
जहां लाख शरारते हो चाहे,
पर तुम्हारे आंसुओं के लिए दोस्त की हथेली ही सीपी होती है।
दोस्ती मां की ममता कभी पापा की फटकार है,
जो बिन बोले ही सब कुछ समझ जाए,
सच मानो वहीं सच्चा यार है।
कभी बड़े भइया जैसे तुमको कुछ समझाए,
कभी तुम्हारे अधिकार के खातिर
वो खुद सारथी बन जाए।
कभी लाख मशक्कत करके तुमको वो मनाए,
कभी मासूम बच्चे जैसा खुद रूठ बैठ जाए।
रिश्तों की बगिया में ये फूल नहीं खिला करते हैं,
ये वो अनमोल मोती हैं जो भावनाओ के समुन्दर में मिला करते हैं।

44. सीलन

घर की सीलन ने बता दी
सावन की दास्तां सारी !!
वो गीली खिडकियों पर लिखी बातें ,
वो एक प्याली चाय की यारी !!
वो भीगे चांद से गुफतगु ,
वो काले बादलो की सवारी !!
न जाने मनं बरसा या बदरा,
दीवारों पर बरखा की छाप लगे प्यारी !!
मनं की दीवारे सौंधी सीली........

45. लम्हा

तेज हवा के झोकों में ,
इक लम्हा अक्सर रहता है !
पलट पुराने पन्नो को,
इशारों में कुछ कहता है !
धूल चुभो के आंखों में ,
वो मटमैला सा बहता है !
तेज हवा के झोको में ,
इक लम्हा अक्सर रहता है !!
बीत गये कयी चांद कच्चे पक्के
वो लम्हा टिका सा रहता है......
अक्सर रहता है !
पलट पुराने पन्नो को,
इशारों में कुछ कहता है !
धूल चुभो के आंखों में ,
वो मटमैला सा बहता है !
तेज हवा के झोको में ,
इक लम्हा अक्सर रहता है !!
बीत गये कयी चांद कच्चे पक्के
वो लम्हा टिका सा रहता है......

46. नौ देवी

धूम जश्न तालियों की गूंज
माता के दरबार में ,नौ देवी के अवतार में।
सब नाच रहे हैं,खिलखिला रहे हैं
गीतों की मिठास से आंगन को सजा रहे है।
बड़ा ही प्यारा है ये नज़ारा ,
नवरात्रि का त्योहार ये प्यारा।
अनेक रूप में मां झूम रही हैं,
दैत्यों का वध करके।
कहीं गरबों में मस्त कहीं सिंदूर का खेला करके।
नारियों में शक्ति यूं ही नहीं आई,
सबमें अंश है नौदेवी का कभी काली का रौद्र रूप धरा,
कभी जगदम्बा बनकर मुस्काई।।

47. अयोध्या

गड़ा इतिहास अयोध्या का,
गढ़ने चला एक नई दास्तां।
एक कहानी थी सबरी की,
अब देश बना है सबरी सा।
हर गलियारे में अक्षत बिछे ,
और बिछी हैं सबकी पलकें भी।
बृजवासी कहें हैं अवधी से,
आज अयोध्या कुंज में बंसी बजे।
धनुष धरे कांधे पर आज लल्ला उनका राम सा सजे।
उधर सरयू को पहना दी उषा प्रत्युषा ने भगवा साड़ी,
एक दीप जला मेरे आंगन में,
वो आंगन -आंगन बढ़े चले।
धीरे-धीरे हाथ पकड़कर सारे दीप वहीं पहुंचे,
जस प्रभु बसे हनुमान ह्रदय में,
चित अयोध्या नगरी पहुंचे।
जैसे पहुंचे सुग्रीव, विभीषण,
जैसे महर्षि वाल्मिकी ,तुलसीदास पहुंचे।।

48. कोहरा

कोहरा उतरने ही नही देता है रात को नीचे,
वो ठूंसा बैठा है जमीं और आसमां के दरमियान,
जैसे खामोशी और जुबां के बीच मन के अल्फाज़ ठूंसे रहते हैं...
पिघलता है कोहरा जब भीग जाती है जमीं,
और लब्ज़ के पिघलने से आ ही जाती है आंखो में नमी।
उधर सूरज ने संभाला था ,
इधर लब संभाल रहे हैं....

49. खुद से चैट

खुद से बातें करते-करते उस पहर में बैठ कर बगीचे में घास तोड़ आई थी,
वो नोंची हुई घास अभी भी वहीं पड़ी है।
लगता है यहां अभी तक कोई नही आया,
आसमान ने नीला चोला उतार कर काला पहन लिया है अब।।
लगता है लोग खुद को गूगल में ढूंढ रहे हैं।
मैं तो फिर वहीं बैठी हूं और हरी घास की चटाई पर खुद से चैट कर रही हूं.....

50. मुस्कुराटें

हर रोज़ में मुस्कुराटें तलाशती हूं,
कभी लिफ्ट में किसी बच्चे से मुस्कुरा कर उससे चिल्लर सी मुस्कान बटोर लाती हूं,
कभी जानने वाले अजनबियों की मसनूयी मुस्कान टटोल आती हूं।
ढूंढ-ढूंढ कर थक गई लगता है लगता था सूरज भी झड़ जाएगा इस पतझड़ के साथ।
तभी बिल्डिंग के बूढ़े माली ने मुझसे मुस्कुराकर कहा
'देखो ये फूल खिल गया'....
मैं रोज़ इससे बतियाता हूं....
मैंने फूल देखा वो मुस्कुरा रहा था....

51. एक नई सुबह

शहर की मशरूफियत में आवाज़ को सिकोड़ कर आहटें बनाए रखती हूं,
गंध फैल न जाए सन्नाटों की,
खामोशी की शीशी दबाए रखती हूं।
शायद दूर से ही सांझा करते हैं सब लम्हे खुशहाल गमगुसार ,
मैं तो चांद से भी यारी बनाए रखती हूं।
लोग कहां हैं उनके ओहदे हैं बस,
हीरों की दास्तां के बीच बालों में फूल सजाए रखती हूं।
कच्चे घड़े भी धीमी आंच में पकते हैं इसलिए,
अपने हिस्से के सूरज को पानी में भिगाए रखती हूं।
रात भर मैंने और दिए ने मिलकर खूब की बातें,
हम यूं जले की फलक की छत और भी स्याह हो गई ,
सवेरे के अस्फ़र टुकड़े नें कानों में आकर कहा,
रात भर तुम्हारे अल्फाज़ समेट रहा था ये दिया,
अंत तक धधकती रही...अब
ये बाती भी तबाह हो गई।
आंखें खाली करके उठना अब सन्नाटे सी,
वो दास्तां हो गई है अब बासी,
शोर सुनकर बाहर का अब
हिचकी भी न आए ज़रा सी,
देखो तो "एक नई सुबह हो गई।।"

52. जब जानो“ राम”

लिखूं राम जब जानउ राम,
कलम बढ़ी नही आगे लिखने,
चली नही बस लिखे विराम।
बोली चली हो "मर्यादा" लिखने,
यूं ही नही लिख पाओगी "राम"
जिसको लिखने चली हो पहले ,
हाथ जोड़ कर करो प्रणाम।
मैं तो सब कुछ लिख दूंगी,
पर लिखो "राम" जब जानो "राम"
वनवासी रहे जो चौदह बरस तक,
वो खुद में ही है चारो धाम।
अहिल्या को धन्य कर गए,
ऋषियों के रखवाले "राम"।
जो पार कर सके बड़ा समुंदर,
वो केवट से विनती करते "राम"।
कोई भेद नहीं मानवता में,
शबरी की जूठे बेरों में "राम"।
हृदय बसे हनुमान प्रिय के,
अयोध्या के फेरों में "राम"।
अखण्ड दिए ध्वज अक्षत सज गए,
बसे धरा के कण कण में "राम"।
जात पात वर्ण तुमने बांटा,
श्याम वर्ण श्यामों में "राम"।
धन्य हुआ हर पग पगरज से,
चार युग चार धामों में "राम"।

लिखो "राम" जब जानो" राम"
कहो "राम " जब मानो "राम "।

53. जाफरानी दिया

शीशे की हिफाज़त में रखी दिए की ये झिलमिलाहट,
जब चेहरे पर अपनी ज़र्द रोशनी बिखेर देती है।।
कैद ये जाफरानी दिया.. फूलों की तरह आज़ाद तो नहीं,
पर करीब आने पर अपने लहज़े में कहता है,
आतिशें खूबसूरत है जब तक मर्यादा में है.....

54. नया साल

उतार आए हो पुराना साल?
नया साल पहन कर अच्छा लग रहा है न....क्या बदल आए?
अकड़ को तोड़कर किनारे रख कर आए हो?
रूखे सूखे लम्हों को कोयले पर रख कर आए हो?
मायूसी झोंकी थी अंगारों में?
खूब चटकी होगी....
ऐसे पहन लेना नए आसमान को की सूरज गुनगुना और चांद सुकून से आंखो में गिरे....
अभी देखना कुदरत क्या सिखाएगी पीले पत्तों को उतार कर खिजां में,
नया बसंत पहन कर आएगी....
सीख लेना कुछ सीख लेना तब....

55. दुआएं

मंदिर के बाहर दुआएं बिक रही थी,
सिग्नल पर भी अब दुआएं बिकती हैं ...
कभी लाचार कभी किन्नर के लिबास में लोग दुआएं बेचतें हैं...
लोग खरीद भी रहे थे गाड़ी के शीशे को उतार कर ,
वो कह रहे थे पैसे थमाते हुए,
“आशीर्वाद दो।"
मैं हैरान थी मैने खरीदी नही दुआ पर बांटी बहुत....
मैं तो लोगों को उनकी बद्दुआओं के बदले भी दुआ दे आती हूं...
"ईश्वर तुम्हारा भला करे”....
न जाने खरीदी दुआओं के बीज घर जाकर कितने फूटे होंगे......

56. बासी रात

काली चादर पर बैठ कर ,
रात ने तारों का बाज़ार लगाया,
चांद को तोड़ कर और कभी जोड़ कर बेचा,
मैंने आधा चांद लिया और कुछ तारे भी,
वो मेरे थे मैंने उनको अपनी एक रात में जड़ दिया।
बड़ा ही खूबसूरत नजारा बना.. तब तक ,
जब तक ये मालूम न था कि ये सारा सामान बासी है।
अब समझ में आया सूरज को नया और ताज़ा क्यूं कहते हैं।
रात तो बासी सामान बेचती है....हजारों साल बासी.....

57. पीछा करता चांद

चमकती हैं ....
काजल की वो लकीरें, आंखो से निकलकर गर्दन तक जाती हैं।
चांद दिखाता है उन्हे ज़माने को... जिन्हे
अंधेरों में घोल दिया था छुपाने के खातिर....
वो धार उन्ही रास्तों को भिगो आई है,
फिसलेगा मेरा पीछा करता चांद अब....फिसलेगा ....

58. सुनहरी खामोशी

यूं सोचा एक दिन
खामोशी से खींझ कर,
रास्तों को सरल बना दिया।
चुभ न जाये कांटा कोई,
राहों मे नज़मे बिछा दिया।
लो ज़िन्दगी तेरे बोझ को ,
लफ्ज़ों पर लदा दिया।
"बोझ तो नही मैं "
कह कर रूठ गई।
मंजिल आकर भी
सूनी सी बीत गईं,
मना लाई फिर लाड से,
अल्फाजों को जुबान से उतार कर
खामोशी को फिर से पहना दिया।।
लो अब जिंदगी को,
सुनहरी खामोशी से सजा दिया।

59. संभालो

संभालो अपने समुन्दर को ऐ खुदा
वो मेरी कश् ती के नीचे आ गया !!
तेरा चांद छुपा था रात की काली कोठरी मे,
मेरे शीशे मे उतर के खुद ही आ गया !!
बहुत देखी तेरी साजिशे रजिशों की,
तूने फेंकी थी धूप मुझे सताने को ,
वो देख तेरा सावन मेरी छत पर आ गया !!
संभालो ....

60. लफ्ज़ पिघलते हैं

लफ्ज़ पिघलते हैं जब भावनाओं की अंगीठी के आगोश में आते हैं,
लफ्ज़ पिघलते हैं जब खामोशी के अंगारे अंतर्मन को सताते हैं...
लफ्ज़ पिघलते हैं जब हम चांद को पलकों से झूला झुलाते हैं,
लफ्ज़ पिघलते हैं जब हम जस्बातों की गुत्थी को सुलझाते हैं....
लफ्ज़ पिघलते हैं जब मन को मनाते मनाते खुद हार जाते हैं...
लफ्ज़ पिघलते हैं जब साहिल की चट्टानों की तरह बार-बार चोट खाते हैं।
लफ्ज़ पिघलते हैं जब आंसुओ की रैली की धमक सह नहीं पाते हैं।
लफ्ज़ पिघलते हैं जब खुद को बार-बार हौंसला दिलाते हैं
बस यूं ही लफ्ज़ पिघलते हैं बार बार लफ्ज़ पिघलते हैं....

धन्यवाद

सर्वप्रथम मैं धन्यवाद करना चाहूंगी ईश्वर का जिनकी असीम अनुकंपा आशीर्वाद से मैं अपनी कल्पनाओं एवं जीवन की वास्तविकताओं को शब्दों में पिरो कर कविताओं के रूप दे पाई । इस पुस्तक को साँचे में ढालने एवं उसे सफल बनाने में मेरी पुत्री भव्या श्रीवास्तव एवं मेरे जीवन साथी शिशिर श्रीवास्तव का महत्वपूर्ण योगदान रहा | अपनी नन्ही सी परी को देखकर ही मुझे हमेशा सकरात्मक ऊर्जा मिलती रही और ये कर पाने का विश्वास का विश्वास मेरे पति हमेशा देते रहे | इसी के साथ मेरा शत शत नमन मेरे सभी मित्रगण , परिवार के समस्त सदस्यों को जिनके हौंसलो के बिना ये मुमकिन नही था। पायल जी आप मुझे यदाकदा मेरी शक्तियों का स्मरण कराती रहती हैं जिसके लिए मैं आपकी तहे दिल से आभारी हूं । एक बार फिर से आप सभी को मेरा अनेकानेक धन्यवाद।

-दीपाली किरन

लेखिका के बारे में

प्यारे दोस्तों और प्रिय पाठकों ,

मैं हूं आपकी अपनी "दीपाली किरन" यानि इस किताब की लेखिका।

ये मेरी लिखी कविताओं का दि्वतीय संग्रह है। मैंने अनेकों किताबें लिखी बच्चो की, बड़ों की , कहानियों की, पर कविताओं से मेरा एक अलग ही नाता है।आशा करती हूं आपको मेरा ये कविताओं का संग्रह पसंद आया होगा। आप मुझे लिख भेजिए अपने भी पिघलते लफ्ज़ । मुझे आपके जवाब का इंतजार रहेगा।

deepalikiran.lekhni@gmail.com

https://www.instagram.com/
poet_ikadeepalikiran?igsh=dm9laGkwOGV5MDE3

deepalikiran.lekhni@gmail.com

www.ingramcontent.com/pod-product-compliance
Lightning Source LLC
LaVergne TN
LVHW021144160826
845679LV00023B/2038

* 9 7 9 8 8 9 2 7 7 1 8 3 2 *